Animales *de* Denali

EDICIÓN PATHFINDER

Por Susan E. Goodman

CONTENIDO

El Parque Nacional Denali en Alaska es un territorio muy duro. Es demasiado frío para la mayoría de la gente. Pero para muchas plantas y animales, Denali es un paraíso.

Animal De

Una osa parda y su osezno

Zorro rojo

Caribú

Búho real

de nali

Por Susan E. Goodman

U na osa parda sale a los tropezones de su guarida. Se mueve lentamente y con torpeza luego de su largo sueño invernal.

La osa no está sola. La siguen sus oseznos. Nacieron mientras estaba hibernando o durmiendo.

Ahora el invierno por fin ha terminado. La nieve está derritiéndose y los días son cada vez más largos. Los oseznos están listos para jugar bajo el sol.

Ha llegado la primavera al Parque Nacional Denali en Alaska. Pero la vida allí no siempre es tan alegre y festiva. Mientras los osos duermen, otros animales luchan por sobrevivir el largo invierno.

Crudo invierno

El Parque Nacional Denali está en la zona central de Alaska. Allí hay bosques, glaciares y picos nevados. El monte McKinley, la montaña más alta de América del Norte, se eleva 20.320 pies hacia el cielo. Más extenso que Massachusetts, el parque fue creado en 1917 para proteger la vida silvestre.

Los animales de Denali necesitan mucho territorio. Los lobos, por ejemplo, necesitan una vasta superficie para cazar. El territorio de una sola manada puede ocupar 150 millas cuadradas.

Gran parte del parque es una **tundra,** un territorio amplio y abierto cubierto de pastizales, arbustos y sin árboles. Es un lugar duro para pasar el invierno.

En diciembre, el sol permanece bajo en el cielo. Apenas hay luz solar cuatro o cinco horas al día. No es tiempo suficiente para calentar la tierra. Las temperaturas suelen descender a 50 grados Fahrenheit bajo cero. Una capa profunda de nieve cubre la tundra.

En movimiento

Pocos animales viven en la tundra durante el riguroso invierno. El alce y el lobo afrontan el frío y la nieve. Pasan el corto día buscando el poco alimento que pueden encontrar.

Así como los osos, otros animales también **hibernan** durante el invierno. Comen suficiente comida en el otoño para poder sobrevivir el largo invierno dentro de su guarida.

Otros animales **migran.** Viajan hacia el Sur o se adentran en los bosques, donde las temperaturas pueden ser más cálidas y es más fácil encontrar comida.

Entre los animales migratorios encontramos al caribú, también llamado reno. Sus pezuñas amplias y planas funcionan como raquetas para la nieve. Esas pezuñas permiten a los caribúes atravesar suelos helados y muy húmedos.

En la primavera, vuelven las temperaturas cálidas a Denali. También regresan las plantas y los animales.

Animal social. *Los lobos grises suelen moverse en jaurías. Los padres y los lobeznos suelen formar una jauría.* ABAJO: *Los caribúes migran a través de la tundra en otoño.* ABAJO A LA DERECHA: *Los búhos son depredadores que cazan de noche. Se alimentan de ratones y otros animales pequeños.*

Flores de primavera

A medida que el largo invierno de Denali da paso a la primavera, el paisaje cobra vida. Florecen plantas coloridas. Los animales se despojan de sus gruesos pelajes de invierno. Algunos incluso cambian de color.

Durante todo el invierno, la liebre americana viste un pelaje blanco. El pelaje blanco permite al animal camuflarse con la nieve y escapar de los **depredadores** hambrientos.

Ahora la liebre se despoja de su pelaje de invierno. Y en su lugar crece el pelaje marrón. Este nuevo color coincide con el del terreno, así la liebre puede ocultarse fácilmente mientras mordisquea hierbas y brotes.

Turistas de verano

Llega el verano y la tundra se vuelve un lugar muy concurrido. Las aves vuelan hacia allí desde lugares tan lejanos como África y China. Manadas de caribúes regresan de sus hogares invernales en los bosques. Las crías de caribú nacen a fines de mayo, cuando las madres regresan a la tundra.

Minutos después de nacer, una cría de caribú es inestable. Solo puede caminar cortas distancias. Sin embargo, apenas un día después, la cría es capaz de correr más rápido que un ser humano. Debe moverse rápidamente. Los lobos hambrientos suelen estar cerca.

Jauría de lobos

Los lobos suelen cazar en jaurías. El líder de la jauría va primero. Los demás lobos lo siguen, por lo general, en una única fila. Pueden recorrer más de 30 millas por día en busca de alimento.

Cuando una jauría de lobos se acerca sigilosamente a una manada de caribúes, los lobos buscan un animal joven o enfermo. Se precipitan para separar a su presa del resto de la manada. Luego, los lobos hambrientos atacan.

Los lobos pueden parecer crueles. Pero solo intentan sobrevivir. Y sus acciones ayudan a otros animales. Los cuervos, los zorros y hasta los osos pardos se dan un festín con las sobras de los depredadores.

Por extraño que parezca, los lobos incluso ayudan a los caribúes. Matar a los enfermos permite que el resto de la manada se mantenga sana. Si una manada crece demasiado, sus miembros pueden comerse toda la comida del lugar. Cuando esto ocurre, muchos caribúes mueren de hambre.

Sol de verano

En pleno verano, la tundra es la tierra de la abundancia. El aire se llena con el canto de los pájaros y el zumbido de los insectos. Las flores cubren el suelo de rosa, violeta y amarillo.

Es fácil encontrar comida. Los alces y los caribúes se alimentan de las plantas que abundan en las muchas lagunas de la tundra. Los búhos bajan en picada del cielo para atrapar liebres con sus **garras.** Los osos pardos engullen raíces y arándanos.

Los osos pardos también comen otros animales, desde ardillas a caribúes. Pero los osos prefieren darse un festín con las sobras antes que cazar su propia comida.

Para buscar alimento, un oso pardo se para en sus patas traseras, y olfatea el aire en busca de aromas que lo guíen hasta su presa. Los osos pueden oler un animal muerto a diez millas de distancia.

Plagas abundantes

Las temperaturas cálidas del verano también traen insectos molestos, como los mosquitos. En la tundra, hay más de estos chupadores de sangre que en ningún otro lugar de la Tierra.

El caribú puede perder un cuarto de su sangre por semana debido a las picaduras de los mosquitos. Para escapar de los insectos, a veces los caribúes se amontonan sobre los pocos montículos de nieve que aún quedan. ¿Quién no lo haría?

El gran frío

Hacia el final del verano, los días se vuelven más cortos. El frío invade el aire. Desaparecen los mosquitos.

Los demás animales se preparan para el invierno. Un pelaje más grueso empieza a crecer en los muflones de Dall. Los osos comienzan a comer, y mucho.

Durante el otoño, los osos pardos comen 20 horas por día. Engordan 40 libras por semana. Esa grasa adicional les permite mantenerse alimentados durante los meses fríos.

Los veraneantes de la tundra emprenden la partida hacia sus hogares invernales. Los rebaños

de caribúes viajan de regreso a los bosques.

La golondrina de mar ártica tiene un camino más largo que recorrer. El ave migra hacia la Antártida; a más de 20.000 millas de distancia.

Congelamiento profundo

En noviembre, hace tiempo que cae nieve. Encontrar alimentos es difícil. Los osos pardos dejan de comer y empiezan a buscar guaridas. Pronto se meterán sigilosamente en sus guaridas, donde dormirán todo el invierno.

Ahora que está cubierta de nieve, la tundra parece un lugar silencioso y sin vida. Pero no lo es. Los lobos patrullan la zona, en busca de presas. Ahora cazar es mucho más difícil. Jaurías hambrientas buscan alces y muflones de Dall debilitados por la enfermedad o el hambre. El eco del aullido de los lobos resuena en el territorio nevado y llano.

Los espera un largo y crudo invierno. Pero algún día volverá la primavera. Cuando eso ocurra, volverá a empezar el ciclo de la vida en la tundra de Denali.

Cima elevada. *El viento sopla nieve desde el Monte McKinley, también llamado Denali.* ARRIBA A LA DERECHA: *Los muflones de Dall viven en muchas de las cimas del Parque Nacional de Denali.*

¿Qué hábitats están cerca de tu comunidad? ¿Qué tipo de vida silvestre vive en esos hábitats? ¿Qué puedes hacer para protegerla?

Vocabulario

depredador: animal que come otros animales
garra: zarpa
hibernar: descansar durante el invierno
migrar: mudarse
tundra: llanura fría y sin árboles

La creación de un parque

Solo en la nieve. *El Parque Nacional Denali es el lugar perfecto para estar solo en medio de la naturaleza. Sin embargo, muchas personas debieron trabajar unidas para proteger estas tierras vírgenes.*

Alaska no será el lugar más fácil para vivir. El clima invernal puede ser crudamente frío. En diciembre, apenas hay luz del sol unas pocas horas al día. Y dado que existen pocas carreteras que llevan hacia la zona silvestre, la mejor manera de viajar a menudo es por avión, barco, moto de nieve o trineo. No resulta sorprendente que sea el estado con menor población por milla cuadrada. Es tierra virgen. Pero a pesar de ser un terreno accidentado, alberga a muchos animales. ¿Por qué? En gran parte, esto se debe al Parque Nacional Denali.

Aterrizaje en el agua.
Hay zonas de Alaska que tienen pocos caminos. Por eso la gente suele viajar por el estado con hidroaviones.

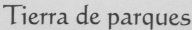

Tierra de parques

A Alaska lo que le sobra es territorio. En total, Alaska cubre más de 570.000 millas cuadradas. Duplica en extensión a cualquier otro estado.

El Parque Nacional Denali ocupa más de 6 millones de acres (9375 millas cuadradas) y está ubicado en el centro del estado. El parque protege muchas variedades de plantas y animales.

En la actualidad, Denali es uno de los tantos parques nacionales. Pero, Denali es especial. Fue el primer parque nacional de Alaska. Un hombre — y todo un país — lo hicieron posible.

La visión de un hombre

A principios de la década de 1900, un hombre llamado Charles Sheldon tuvo una idea. Soñó con un lugar donde los animales pudieran vivir libres, en estado salvaje, sin ser cazados en exceso.

También sería un lugar para las personas. La gente podría apreciar la vida silvestre en su hábitat natural. Podría experimentar la emoción de dar largos paseos en un paisaje agreste.

En aquella época, apenas existían unos pocos parques nacionales. El primero se encontraba en Wyoming. Era el Parque Nacional Yellowstone. Sheldon deseaba establecer otro en Alaska. No obstante, no iba a lograrlo sin tener que luchar por ello.

La lucha por la tierra

No a todos les agradaba la idea de Sheldon. Muchos habitantes de Alaska dependían de la tierra para vivir. ¡El parque podía cambiarlo todo!

Los mineros excavaban en busca de oro, plata, cobre y plomo. ¿Qué iban a hacer si no les permitían excavar? Muchos temían perder su empleo.

Otros cazaban animales por su carne y pieles. ¿Dónde iban a cazar si Sheldon se salía con la suya?

Escondiéndose. *Esta liebre americana es uno de los tantos animales que vive en Denali durante todo el año.*

Paseando por el paraíso. *Denali ofrece muchos senderos para que los excursionistas disfruten de la naturaleza.*

Tierras vírgenes.
Denali protege un extenso territorio para la vida silvestre. El caribú y otros animales pueden deambular millas enteras por el parque.

Pero algunas personas creyeron que el parque era una buena idea. Creían que la vida silvestre de Alaska podía perderse para siempre sin un parque que protegiera las plantas y los animales.

Llamando la atención

En enero de 1917, la revista NATIONAL GEOGRAPHIC publicó un artículo sobre el parque. El artículo explicaba lo mucho que los animales lo necesitaban el parque. Decía que, sin el parque, probablemente serían exterminados. El territorio cambiaría para siempre.

El artículo despertó mucho interés. De pronto, muchas personas en todo el país tomaron partido. Escribieron a sus representantes en el Congreso. El Congreso los escuchó. Al mes siguiente votó por la creación del parque. El presidente Wilson pronto expresó su acuerdo, y el país tuvo su nuevo parque nacional.

Más grande y mejor

Al principio el nuevo parque protegía alrededor de 2200 millas cuadradas. Con el tiempo creció. En 1980, se añadieron casi 4 millones de acres. ¡Ahora el parque mide cuatro veces su tamaño original!

En la actualidad el Parque Nacional Denali protege más de un millar de plantas y animales de distintas especies. Pocas personas viven cerca de Denali. Pero más de 300.000 personas visitan el parque cada año.

Charles Sheldon estaría feliz de ver a Denali hoy. Su sueño se ha hecho realidad. Denali es un lugar para los animales; y también para las personas.

La vida en Denali

Es hora de descubrir cuánto aprendiste sobre Denali.

1 ¿Cómo es el invierno en el Parque Nacional Denali?

2 ¿Cómo hacen los animales para sobrevivir el clima invernal?

3 ¿Qué cambios ocurren en Denali a medida que se acerca la primavera?

4 ¿Por qué vivir en grupo ayuda a los animales a sobrevivir en Denali?

5 ¿Qué desafíos enfrentaron las personas para crear el Parque Nacional Denali?